PLAY BECKETT
uma pantomima e três dramatículos

ATO SEM PALAVRAS II | COMÉDIA/PLAY |
CATÁSTROFE | IMPROVISO DE OHIO

PLAY BECKETT
uma pantomima e três dramatículos

ATO SEM PALAVRAS II | COMÉDIA/PLAY | CATÁSTROFE | IMPROVISO DE OHIO

Samuel Beckett

Sumário

Introdução,
por Simone de Lucia   7

ATO SEM PALAVRAS II   15

COMÉDIA/PLAY   25

CATÁSTROFE   65

IMPROVISO DE OHIO   81

Uma solitária peça de amor,
por Leyla Perrone-Moisés   95

Introdução

Aos 14 anos de idade, quando li *Esperando Godot*, me apaixonei por Beckett. Não havia em seu texto nada de romances arrebatadores, aventuras eletrizantes, mistérios insolúveis, circunstâncias excepcionais nem indivíduos marcantes. Somente o cotidiano, o mundano. E eram apresentados de uma maneira que eu nunca havia lido: profunda, bela e emocionante. A capacidade de Beckett de mostrar o comum de forma intrigante salta aos olhos e conquista o leitor.

Décadas após essa primeira leitura, tive um feliz encontro com Mika Lins, diretora de teatro, em um período de pandemia e isolamento em que eu sonhava com *Improviso de Ohio*. Das nossas conversas e planos surgiu a decisão de, juntas, levar este texto e mais outros três para o palco. A partir de então mergulhamos no universo beckettiano e, ao mesmo tempo que visitávamos personagens sugados pela repetição cotidiana, falhos, e sumamente humanos, ficou presente a maneira contundente que este universo ecoa não apenas tempos passados, mas atuais e, possivelmente, outros que virão.

O luto e seu poder, a submissão à autoridade, os romances quebrados e a rotina muda nos fascinaram e juntos formaram um espetáculo teatral: *Play Beckett*. Nele estão encenados a pantomima e os três dramatículos que vocês podem ler nesse volume: *Ato sem palavras II*, *Play*, *Catástrofe* e *Improviso de Ohio*.

Obrigada a todos que se juntaram a nós nessa jornada que misturou a felicidade de viver uma antiga paixão, de habitar o mundano de forma extraordinária e, ainda, de compartilhar essa experiência.

Cada um dos textos desse espetáculo aqui reunidos poderá levar o leitor a explorar, a seu tempo e a seu modo, a sutil, intrincada e original narrativa de Beckett, passear pelas situações comuns e ordinárias que a sua visão transforma em arte.

Em *Ato sem palavras II*, os personagens A e B vivem a rotina de personalidades opostas, mas presas igualmente ao ciclo da vida. O paralelo entre pessoas e lixo, a repetição sem propósito ultrapassa e iguala todas as diferenças nessa peça que pode ser descrita com a frase final de outro texto de Beckett, *O inominável*: "Não posso continuar, vou continuar."

Em *Comédia/Play*, escrita em 1962-1963, temos os personagens Mulher 1, Homem e Mulher 2 em um triângulo amoroso que é exposto de maneira única. Os personagens são torturados de forma dantesca, enquanto contam repetidas vezes o que aconteceu.

Catástrofe, escrita em 1982, mostra o totalitarismo e autoritarismo transposto ao entorno teatral, temos o Diretor, sua assistente e o iluminador Lucas, os subjugadores que manipulam e controlam seu subjugado, o protagonista. Foi escrita como homenagem ao dramaturgo perseguido Václav Havel, preso político na época.

Improviso de Ohio, de 1980, foi escrita a pedido de S.E. Gontarski, para ser apresentada em um simpósio acadêmico em Columbus, Ohio, em comemoração ao aniversário de 75 anos de Samuel Beckett. Nela vivemos o luto de forma singular: quem sofre é também aquele que consola.

A todos, uma ótima leitura.

Simone de Lucia, atriz

Ato sem palavras II, *Comédia/Play*, *Catástrofe* e *Improviso de Ohio*, quatro peças de Samuel Beckett foram encenadas com o título de *Play Beckett — uma pantomima e três dramatículos* no Teatro Aliança Francesa, em São Paulo, com estreia em 12 de maio de 2022.

Textos
Samuel Beckett

Tradutores
Luana Gouveia (*Ato sem palavras II*)
Rubens Rusche (*Comédia /Play* e *Catástrofe*)
Leyla Perrone-Moisés (*Improviso de Ohio*)

Concepção e Direção
Mika Lins

Elenco
Ato sem palavras II
Personagem A: Marcos Suchara
Personagem B: Diego Machado

Play
Homem: Simone de Lucia
Mulher 1: Marcos Suchara
Mulher 2: Diego Machado

Catástrofe
Diretor: Marcos Suchara
Sua assistente: Simone de Lucia
Protagonista: Diego Machado

Improviso de Ohio
Ouvinte: Simone de Lucia
Leitor: Marcos Suchara

Participação especial, Voz em off
Bete Coelho

Cenografia
Giorgia Massetani

Figurino
Joana Porto

Iluminação
Caetano Vilela

Trilha sonora original
Edson Secco

Direção de movimento
Diogo Granato

Assistente de direção
Luana Gouveia

Preparação vocal
Mônica Montenegro

Visagismo
Malonna

Direção de palco
Andieli Gorci

Contrarregra
Taci Glasberg e Ângelo Máximo

Operador de som
Igor Souza

Operador de luz
Guilherme Soares

Microfonista
Paula Lopes

Programador de luz
Guilherme Paterno

Ilustração
Cris Vector

Designer gráfico
Thema (Thea Severino e Marcio Freitas)

Assistente de produção
Henrique Pina

Produção executiva
Marcela Horta

Produção
SM Arte Cultura

Direção de produção
Selene Marinho

Realização
Simone de Lucia e Mika Lins

ATO SEM PALAVRAS II
UMA PANTOMIMA PARA DOIS ATORES

de Samuel Beckett

tradução Luana Gouveia

Escrito, de acordo com Beckett, no mesmo período que *Ato sem palavras I* (1956). Traduzido do francês pelo autor e publicado pela primeira vez na revista *New Departures*, vol.1 (1959). Encenado pela primeira vez, provavelmente, no Institute of Contemporary Arts, Londres, em 25 de janeiro de 1960.

Nota

Esta pantomima deve ser encenada em uma plataforma baixa e estreita, no fundo do palco, iluminada de forma ofuscante em toda sua extensão, deixando o restante do palco na escuridão. Efeito de friso.

A é lento, desajeitado (sua graça está no vestir-se e despir-se), ausente. B é alegre, rápido, preciso. As duas ações, embora B tenha mais a fazer do que A, devem ter a mesma duração.

Argumento

No chão, um ao lado do outro, a 2 metros da coxia direita, dois sacos, o de a A e o de B. O saco de A estando à direita (visto da plateia) do de B, ou seja, mais próximo da coxia direita. No chão, ao lado do saco B, uma pequena pilha de roupas (C) bem dobradas (casaco e calças sob botas e chapéu).

Uma vara[1] entra pela direita, totalmente na horizontal. Sua ponta para a 30 centímetros do saco **A**. Pausa. A ponta recua, pausa, se lança sobre o saco, retira-se, afasta-se 30 centímetros do saco. Pausa. O saco não se move. A ponta recua novamente, um pouco mais distante do que antes, pausa, se lança novamente sobre o saco, retira-se, afasta-se 30 centímetros do saco. Pausa. O saco se move. A vara se retira.

A, vestindo uma camisa, rasteja para fora do saco, para, medita preocupado, reza, reflete, fica de pé, medita, pega um pequeno frasco de comprimidos do bolso de sua camisa, reflete, engole o comprimido, devolve o frasco, reflete, vai até as roupas, reflete, coloca algumas roupas, reflete, pega uma grande cenoura, parcialmente comida, do bolso do casaco, morde um pedaço, mastiga um instante, cospe com nojo, guarda a cenoura de volta, reflete, pega dois sacos, carrega-os, curvado e cambaleante, até meio caminho da coxia esquerda, coloca-os no chão, reflete, retira as roupas (exceto a camisa), deixa-as cair em uma pilha desarrumada, reflete, toma outro comprimido, reflete, ajoelha-se, reza, rasteja para dentro do saco e fica imóvel. O saco **A** está agora à esquerda do saco **B**.

Pausa.

Uma vara entra pela direita em um suporte sobre rodas (uma roda). Sua ponta para a 30 centímetros do saco **B**. Pausa. A ponta recua, pausa, se lança sobre o saco, retira-se, afasta-se 30 centímetros do saco. Pausa. O saco se move. A vara se retira.

---

1. [Nota da tradução] "Goad": aguilhada ou aguilhão, bastão usado para guiar o gado.

B, vestindo uma camisa, rasteja para fora do saco, fica de pé, retira do bolso da camisa um grande relógio e o consulta, guarda de volta o relógio, exercita-se, consulta as horas, tira uma escova de dentes do bolso da camisa e escova os dentes vigorosamente, guarda a escova de volta, esfrega o couro cabeludo vigorosamente, pega um pente do bolso da camisa e penteia os cabelos, guarda o pente de volta, consulta as horas, vai até as roupas, veste-se, consulta as horas, pega uma escova do bolso do casaco e escova as roupas vigorosamente, escova os cabelos vigorosamente, guarda a escova de volta, pega um pequeno espelho do bolso do casaco e examina sua aparência, guarda o espelho de volta, pega uma cenoura do bolso do casaco, morde um pedaço, mastiga e engole com apetite, guarda a cenoura de volta, consulta as horas, retira um mapa do bolso do casaco e o consulta, guarda o mapa de volta, consulta as horas, pega uma bússola do bolso do casaco e a consulta, guarda a bússola, consulta as horas, pega os dois sacos, carrega-os curvado e cambaleante até 2 metros da coxia esquerda, coloca-os no chão, consulta as horas, tira as roupas (exceto a camisa), dobra as roupas em uma pilha bem organizada, consulta as horas, exercita-se, consulta as horas, esfrega o couro cabeludo, penteia os cabelos, escova os dentes, consulta as horas e dá corda no relógio, rasteja para dentro do saco e fica imóvel, o saco B está agora à esquerda do saco A, como no início.

Pausa.

Uma vara entra pela direita em um suporte sobre rodas (duas rodas). Sua ponta para a 30 centímetros do saco A. Pausa. A ponta recua, pausa, se lança sobre o saco, retira-se, afasta-se

30 centímetros do saco. Pausa. O saco não se move. A ponta recua novamente, um pouco mais distante do que antes, pausa, se lança sobre o saco mais uma vez, retira-se, afasta-se 30 centímetros do saco. Pausa. O saco se move. A vara se retira.

A rasteja para fora do saco, para, reflete, reza.

CORTINA

POSIÇÃO I

POSIÇÃO II

POSIÇÃO III

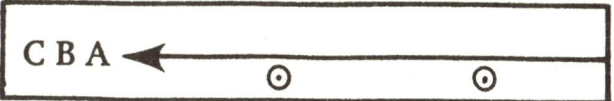

PROSCÊNIO

COMÉDIA/PLAY

de Samuel Beckett

tradução Rubens Rusche

Escrita originalmente em inglês com o título de *Play* em fins de 1962 e início de 1963. Traduzida para o francês pelo autor com o título de *Comédie*. Publicada pela primeira vez na Alemanha, como *Spiel*, em Theater Heute (julho de 1963). Em inglês foi primeiro publicada pela Faber and Faber, Londres, em 1964. A primeira encenação foi a de *Spiel*, com tradução de Erika e Elmar Tophoven, no Ulmer Theater, Ulm-Donau, em 14 de junho de 1963. A primeira produção londrina foi a da National Theatre Company no Old Vic Theatre, Londres, em 7 de abril de 1964, com direção de George Devine e com a atriz Billie Whitelaw. A primeira produção francesa foi no Pavillon de Marson, em 14 de junho de 1964, com direção de Jean-Marie Serreau e supervisão do próprio Beckett.

No Brasil, a primeira encenação de *Comédia* foi em 9 de abril de 1986, no Teatro Sérgio Cardoso, sala Paschoal Carlos Magno, em São Paulo, com direção e tradução de Rubens Rusche, tendo Maria Alice Vergueiro, Edson Santana e Cissa Carvalho no elenco, com produção e realização da Artecultura. O espetáculo *Katastrophé* reunia mais três peças inéditas de Beckett: *Eu não*, *Cadeira de balanço*[1] e *Catástrofe*.

---

1. As peças *Eu não* e *Cadeira de balanço* foram publicadas no livro *Samuel Beckett: Vozes femininas* (Ed. Cobogó, 2022), com os títulos *Não eu* e *Cadência*, respectivamente, em tradução de Fábio Ferreira.

M1, Primeira mulher
M2, Segunda mulher
H, Homem

No centro do proscênio, tocando uma na outra, três jarras cinzentas idênticas, com aproximadamente um metro de altura, de onde saem três cabeças, com o pescoço firmemente preso na boca da jarra. As cabeças, da esquerda para a direita, conforme vistas pela plateia, pertencem a M2, H e M1. Durante toda a peça, elas permanecem rigorosamente voltadas para a frente, imóveis. Os rostos perderam de tal modo a idade e a fisionomia que dão a impressão de pertencerem às jarras. Nada de máscaras.

Suas falas são provocadas por um refletor cuja luz se projeta apenas sobre cada um dos rostos.

A transferência da luz de um rosto ao outro se dá imediatamente, sem blackout, ou seja, sem retornar à quase completa escuridão do início, salvo quando for indicado.

A resposta à luz é imediata.

Rostos impassíveis durante toda a peça. Vozes sem colorido, salvo quando alguma expressão for indicada.

Ritmo sempre rápido.

Quando a cortina se abre, o palco se encontra quase totalmente escuro. Podem-se visualizar apenas as jarras. Cinco segundos.

Fracos focos de luz simultaneamente sobre os três rostos. Três segundos. Vozes fracas, quase ininteligíveis.

M1, M2, H [*juntos*]

M 1:
Sim, estranho, melhor a escuridão, mas quanto mais escuro pior, até ficar tudo escuro, então tudo bem, por alguns instantes, mas virá, a hora virá, não demora, você verá, você me deixará, para sempre, ficará tudo escuro, silencioso, acabado, extinto —

M 2:
Sim, talvez, um pouco perturbada, eu acho, diriam alguns, coitada, um pouco perturbada, só um pouco, da cabeça [*fraca risada selvagem*], só um pouco, mas duvido, eu duvido, verdade, estou bem, ainda estou bem, faço o melhor, faço o que posso —

H:
Sim, a paz, pretensa paz, tudo acabado, toda a dor, tudo como se... nunca tivesse existido, virá [*soluça*] perdão, uma insensatez, sim, eu sei, apesar disso, a pretensa paz, a paz, quero dizer, está tudo acabado, e é como se... nunca tivesse existido —

Apagam-se os focos. Escuro. Cinco segundos. Focos intensos simultaneamente sobre os três rostos. Três segundos. Vozes numa potência normal.

M1, M2, H [*juntos*]

M 1:
Eu disse a ele, Afaste-se dela —

M 2:
Uma manhã, quando costurava —

H:
Estávamos juntos há pouco tempo —

Apagam-se os focos. Escuro. Cinco segundos. Foco em M 1.

M 1:
Eu disse a ele, Afaste-se dela. Jurei por tudo que me era mais sagrado —

Foco de M 1 para M 2.

M 2:
Uma manhã, quando costurava diante da janela aberta, ela entrou impetuosamente e veio para cima de mim. Afaste-se dele, ela gritava, ele é meu. Pelas fotografias até que não parecia tão mal. Vendo-a agora pela primeira vez, de pé, em carne e osso, compreendi por que ele me preferia.

Foco de M2 para H.

H:
Estávamos juntos há pouco tempo quando ela suspeitou de alguma coisa. Afaste-se daquela puta, ela disse, ou cortarei minha garganta — [*soluça*] perdão — juro por Deus. Sabia que ela não tinha nenhuma prova. Por isso, disse-lhe que não sabia do que ela estava falando.

Foco de H para M2.

M2:
Do que você está falando?, disse-lhe calmamente enquanto costurava. Quem é seu? Afastar-me de quem? Você o empestou, ela gritava, ele tem cheiro de vaca.

Foco de M2 para M1.

M1:
Contratei um homem de confiança para segui-lo durante meses, mas mesmo assim não consegui a menor prova. E não havia como negar que ele continuava bastante... bastante assíduo, como sempre. Isso, e seu horror pelas relações platônicas puras e simples, fizeram-me pensar às vezes se não o estava acusando injustamente. Sim.

Foco de M1 para H.

H:
De que é que você se queixa?, eu disse. Alguma vez a negligenciei? Como poderíamos estar assim juntos como estamos se houvesse alguma outra... outra mulher em minha vida? Amando-a como eu a amei, quero dizer, com todo o meu coração, não podia deixar de sentir compaixão por ela.

Foco de H para M 2.

M 2:
Receando que ela pudesse tornar-se violenta, chamei o Ernesto, que a conduziu até a porta. Suas últimas palavras, como ele poderia testemunhar, caso ainda esteja vivo e não tiver se esquecido, em seu vaivém pela terra, deixando as pessoas entrarem, levando-as até a porta, davam a entender que ela me esfolaria viva. Confesso que naquele momento aquelas palavras me provocaram certa apreensão.

Foco de M 2 para H.

H:
Ela não se convenceu. Eu devia ter desconfiado. Ela te empestou, continuava dizendo, você tem cheiro de puta. Não havia como replicar a isso. Então enlacei-a em meus braços e jurei que não poderia viver sem ela. Além do mais, eu falava a sério. Sim, não tenho dúvidas quanto a isso. Ela não me repeliu.

Foco de H para M 1.

M 1:
Imagine então o meu assombro quando numa bela manhã, enquanto estava desgostosa sentada em meu quarto, vejo-o entrar, penalizado, prostrar-se de joelhos diante de mim, esconder seu rosto em meu colo e... confessar.

Foco de M1 para H.

H:
Ela botou um detetive nos meus calcanhares, mas tive uma conversa amigável com ele. Ele ficou satisfeito com a gorjeta.

Foco de H para M2.

M 2:
Por que você não a deixa?, eu disse, quando ele começou a se lamentar de sua vida conjugal, é óbvio que não há mais nada entre vocês. Ou há?

Foco de M2 para M1.

M 1:
Confesso que meu primeiro sentimento foi de admiração. Que homem macho!

Foco de M1 para H.

H:
[*ele abre a boca para falar*]

Foco de H para M2.

M 2:
Alguma coisa entre nós?, ele disse, o que você acha que eu sou, um robô? E certamente ele não é do tipo... espiritual. Então por que você não a deixa?, eu disse. Às vezes me perguntava se por acaso ele não vivia com ela por causa de sua grana.

Foco de M2 para H.

H:
Depois disso veio a cena entre as duas. Não quero mais vê-la entrando aqui, ela disse, ameaçando minha vida. Devo ter olhado com um ar incrédulo. Pergunte ao Ernesto, ela disse, se não acredita em mim. Mas ela vive dizendo que vai matar é a si mesma, eu disse. A você, não?, ela disse. Não, eu disse, a si mesma. Caímos na gargalhada.

Foco de H para M1.

M 1:
Então eu o perdoei. De que baixezas o amor não é capaz! Sugeri para celebrar um pequeno passeio até a Riviera, ou mesmo até a nossa querida Gran Canária. Ele ficou pálido. Macilento. Que isso não era possível de imediato. Compromissos profissionais.

Foco de M1 para M2.

M 2:
Ela veio outra vez. Entrou como se estivesse na casa dela. Toda dócil. Lambendo os beiços. A coitada. Estava fazendo as unhas, diante da janela aberta. Ele me contou tudo, ela disse. Ele quem?, eu disse calmamente, lixando as unhas, e tudo o quê? Compreendo a angústia que você deve estar sentindo, ela disse, e vim aqui para lhe dizer que não guardo por você nenhum rancor. Chamei o Ernesto.

Foco de M2 para H.

H:
Então fiquei alarmado e confessei tudo. Ela me fitava com um olhar cada vez mais desesperado. Ela andava com uma navalha na bolsinha. Escuta aqui, eu não admito adultério!

Foco de H para M1.

M 1:
Quando tive a certeza de que estava tudo acabado retornei à casa dela para me divertir. Apenas uma perua vulgar. O que é que ele pôde ver naquilo, quando tinha a mim? —

Foco de M1 para M2.

M 2:
Quando ele retornou conversamos a respeito. Sentia-me arrasada. Contou-me por que dissera a ela. Muito arriscado, patati, patatá. Isso significava que ele voltara para ela. Voltara para aquilo!

Foco de M2 para M1.

M 1:
Cara de lua cheia, gorda, borbulhenta, boca saliente, bochechas flácidas, sem pescoço, os peitos —

Foco de M1 para M2.

M 2:
Ele falava e falava. Eu podia ouvir uma ceifadeira. Uma velha ceifadeira manual. Eu o interrompi e disse-lhe que apesar daquilo que estava sentindo não tinha nenhuma ameaça estúpida a fazer, mas que não tinha tampouco muito estômago para os restos da Madame. Ele refletiu um instante.

Foco de M2 para M1.

M 1:
Parecia uma vaca leiteira —

Foco de M1 para H.

H:
Quando tornei a vê-la, ela já sabia. Tinha um aspecto — [soluça] — deplorável. Perdão. Um filho da puta estava cortando a grama. Uma pequena investida, depois outra. O problema era como convencê-la de que nessa história toda não havia... nenhum empenho da minha parte em restabelecer os laços de intimidade. Não consegui. Devia ter imaginado. Então enlacei-a em meus braços e disse-lhe que não poderia continuar vivendo sem ela. Não creio que poderia.

Foco de H para M2.

M2:
A única solução era irmos embora juntos. Ele jurou que iríamos tão logo acertasse seus compromissos profissionais. Enquanto isso prosseguiríamos como antes. Com isso ele queria dizer da melhor maneira que pudéssemos.

Foco de M2 para M1.

M1:
Então ele era meu outra vez. Todinho meu. Eu estava feliz novamente. Vivia cantando. O mundo —

Foco de M1 para H.

H:
Em casa um único lema, abrir o coração, passar uma esponja no passado e virar a página. Encontrei sua ex-puta, ela disse uma

noite, com a cara enterrada no travesseiro, você faz bem em se manter longe daquilo. Totalmente desnecessário, na minha opinião. De fato, querida, eu disse, de fato. Meu Deus, as mulheres, que víboras. Graças a você, meu anjo, eu disse.

Foco de H para M 1.

M 1:
Depois ele começou a feder novamente. Sim.

Foco de M 1 para M 2.

M 2:
Acabou por não vir mais. Eu estava preparada. Mais ou menos.

Foco de M 2 para H.

H:
Por fim, era demais. Simplesmente eu não podia mais —

Foco de H para M 1.

M 1:
Antes que eu pudesse fazer alguma coisa ele desapareceu. Isso significava que ela tinha vencido. Aquela vaca! Não podia acreditar. Durante várias semanas fiquei arrasada. Finalmente peguei o carro e fui à casa dela. Estava tudo fechado e apagado. Tudo desolado. No meu caminho de volta —

Foco de M1 para H.

H:
Simplesmente eu não podia mais —

Foco de H para M2.

M 2:
Peguei todas as coisas dele, fiz uma trouxa e queimei tudo. Durante a noite toda pude senti-las se consumindo.

Apaga-se o foco de M2. Escuro. Cinco segundos. Os focos voltam a se acender, com a intensidade reduzida à metade, simultaneamente sobre os três rostos. Três segundos. Vozes proporcionalmente mais fracas.

M1, M2, H [*juntos*]

M 1:
Perdão, perdão —

M 2:
Afirmar que não estou

H:
Quando tudo acabou —

Apagam-se os focos. Escuro. Cinco segundos. Foco em H.

H:
Quando tudo acabou, pela primeira vez na vida agradeci a Deus, juro. Pensei, Está feito, está dito, agora tudo se extinguirá —

Foco de H para M1.

M 1:
Perdão, perdão, sempre esta sede de perdão. Ele virá. Você me abandonou. Mas você voltará. E o perdão virá.

Foco de M1 para M2.

M 2:
Afirmar que não estou desapontada, não, eu estou. Esperava algo melhor. Mais repousante.

Foco de M2 para M1.

M 1:
Ou você se cansará de mim. Me abandonará.

Foco de M1 para H.

H:
Se extinguirá, sim, tudo se extinguirá, na escuridão a paz virá, eu pensava, depois de tudo, finalmente, eu tinha certeza, depois de tudo, agradeci a Deus, pela primeira vez, quando tudo acabou.

Foco de H para M2.

M2:
Menos confuso. Menos perturbador. Mesmo assim prefiro isto a... a aquilo. Sem dúvida. Há momentos suportáveis.

Foco de M2 para H.

H:
Eu pensava.

Foco de H para M2.

M2:
Quando você se extinguir — e eu me extinguir. Um dia você se cansará de mim e se extinguirá — para sempre.

Foco de M2 para M1.

M1:
Penumbra infernal.

Foco de M1 para H.

H:
Paz, sim, eu suponho, uma espécie de paz, e todo este sofrimento como se... nunca tivesse existido.

Foco de H para M2.

M2:
Me abandonará como um caso perdido e irá atormentar uma outra. Por outro lado —

Foco de M2 para M1.

M1:
Deixe-me. [*veemente*] Deixe-me!

Foco de M1 para H.

H:
Ela virá. Deve vir. Isto é loucura.

Foco de H para M2.

M2:
Por outro lado, as coisas podem piorar, há esse perigo.

Foco de M2 para H.

H:
Oh, é claro que agora eu sei —

Foco de H para M1.

M 1:
Será que não digo a verdade, será isso, que um dia de algum modo direi finalmente a verdade e então não haverá mais luz enfim, em troca da verdade?

Foco de M1 para M2.

M 2:
Você poderia se enfurecer e deixar minha cabeça em chamas. Não poderia?

Foco de M2 para H.

H:
Agora eu sei, tudo aquilo não passava de uma... comédia. E tudo isto? Quando é que —

Foco de H para M1.

M 1:
Será isso?

Foco de M1 para M2.

M 2:
Não poderia?

Foco de M 2 para H.

H:
Tudo isso, quando é que tudo isso não terá sido também uma simples... comédia?

Foco de H para M 1.

M 1:
Não posso fazer mais nada... para ninguém... mais nada... graças a Deus. Portanto deve ser alguma coisa que preciso dizer. É incrível como a cabeça não para!

Foco de M 1 para M 2.

M 2:
Mas eu duvido. Não faz de modo algum o seu gênero. E você deve saber que faço o que posso. Ou não sabe?

Foco de M 2 para H.

H:
Talvez elas tenham ficado amigas. Talvez o desgosto —

Foco de H para M 1.

M 1:
Mas disse tudo o que posso. Tudo o que você permite. Tudo o que —

Foco de M 1 para H.

H:
Talvez o desgosto as tenha unido.

Foco de H para M 2.

M 2:
Sem dúvida cometi o mesmo erro quando o sol ainda brilhava, tentando encontrar um sentido onde possivelmente não havia nenhum.

Foco de M 2 para H.

H:
Talvez se reúnam para conversar, diante de uma xícara daquele chá verde que elas tanto adoravam, sem leite, sem açúcar, nem mesmo uma fatia de limão —

Foco de H para M 2.

M 2:
Será que você está me ouvindo? Será que alguém está me ouvindo? Será que alguém está olhando para mim? Será que pelo menos alguém se preocupa comigo?

Foco de M2 para H.

H:
Nem mesmo uma fatia de —

Foco de H para M1.

M 1:
Será que devo fazer alguma outra coisa com o rosto, a não ser falar? Chorar?

Foco de M1 para M2.

M 2:
Sou algum tabu?, eu me pergunto. Não necessariamente, agora que todo perigo está afastado. Aquela coitada — posso ouvi-la — aquela coitada —

Foco de M2 para M1.

M 1:
Cortar minha língua com os dentes e engoli-la? Cuspi-la? Isso o apaziguaria? Meu Deus, é incrível como a cabeça não para!

Foco de M1 para H.

H:
Para conversar, ora num agradável e aconchegante lugar, ora num outro, partilhar suas mágoas e — [*soluça*] perdão — as felizes recordações.

Foco de H para M1.

M1:
Se pudesse ao menos pensar, isso não faz mais sentido, nenhum sentido. Mas não posso.

Foco de M1 para M2.

M2:
Aquela coitada que tentou seduzi-lo, o que aconteceu a ela, em sua opinião? — posso ouvi-la. Coitada.

Foco de M2 para H.

H:
Pessoalmente, sempre preferi chá preto.

Foco de H para M1.

M 1:
E tudo isso está ruindo, desmoronando, desde o início, no vazio. Nada é perguntado, absolutamente nada. Ninguém me pergunta absolutamente nada.

Foco de M 1 para M 2.

M 2:
Eles poderiam até mesmo sentir pena de mim, se me pudessem ver. Mas a pena que sinto deles é bem maior.

Foco de M 2 para M 1.

M 1:
Eu não posso.

Foco de M 1 para M 2.

M 2:
Beijando-se sem um pingo de calor.

Foco de M 2 para H.

H:
Apesar de tudo tenho pena delas, sim, compare minha sina com a delas, abençoada de algum modo, e —

Foco de H para M1.

M1:
Não posso. A cabeça não deixaria. Seria preciso que ela se fosse. Sim.

Foco de M1 para H.

H:
Tenho pena delas.

Foco de H para M2.

M2:
O que você fará quando partir? Autoanálise?

Foco de M2 para H.

H:
Será que estou escondendo alguma coisa? Será que perdi —

Foco de H para M1.

M1:
Ela tinha dinheiro, eu acho, embora vivesse como uma porca.

Foco de M1 para M2.

M2:
É como se arrastar por um imenso deserto, num dia abrasador. O esforço para conseguir dar um passo, o momento de —

Apaga-se o foco de M2. Escuro. Três segundos. Foco em M2.

M2:
Descansar e recomeçar outra vez.

Foco de M2 para H.

H:
Será que perdi o que você quer? Por que se extinguir? Por que não —

Foco de H para M2.

M2:
E você talvez tenha pena de mim, pensando, coitada, ela precisa repousar.

Foco de M2 para M1.

M1:
Talvez ela o tenha levado para viver... em algum lugar ao sol.

Foco de M1 para H.

H:
Por que declinar? Por que não —

Foco de H para M2.

M2:
Não sei.

Foco de M2 para M1.

M1:
Talvez ela esteja em algum lugar, sentada diante da janela aberta, as mãos repousando no colo, os dedos entrelaçados, o olhar perdido ao longe, para além das oliveiras —

Foco de M1 para H.

H:
Por que você não continua a me olhar fixamente o tempo todo? Eu poderia começar a delirar e — [*soluça*] — a vomitar para você. Per —

Foco de H para M2.

M 2:
Não.

Foco de M2 para H.

H:
Dão.

Foco de H para M1.

M 1:
Para além das oliveiras, para além do mar, perguntando-se por que ele chega tão tarde, o frio enregelando-a. As sombras envolvendo todas as coisas. Lentamente. Sim.

Foco de M1 para H.

H:
Pensar que nunca estivemos juntos —

Foco de H para M2.

M 2:
Será que já não estou um pouco perturbada?

Foco de M2 para M1.

M 1:
Coitada. Coitados.

Foco de M 1 para H.

H:
Jamais acordamos juntos, numa manhã ensolarada, o primeiro a acordar despertaria os outros dois. Depois, num pequeno barco —

Foco de H para M 1.

M 1:
Penitência, sim, é necessário, expiação, resignei-me a isso, mas não, parece que isso também não adianta.

Foco de M 1 para M 2.

M 2:
Eu disse, será que já não estou um pouco perturbada? [*com esperança*] Só um pouco? [*pausa*] Duvido.

Foco de M 2 para H.

H:
Um pequeno barco —

Foco de H para M 1.

M 1:
Silêncio e escuridão, era só o que eu desejava. Bom, consegui um pouco de ambos. Talvez seja pecado implorar ainda mais.

Foco de M 1 para H.

H:
Um pequeno barco, no rio. Descanso os remos e as observo deitadas no chão da proa. Ao sabor do vento. Ah, quantos devaneios.

Foco de H para M 1.

M 1:
Penumbra infernal.

Foco de M 1 para M 2.

M 2:
Um pouquinho perturbada. Da cabeça. Só um pouquinho. Duvido.

Foco de M 2 para H.

H:
Não éramos civilizados.

Foco de H para M1.

M1:
Desejo ardente de escuridão. E quanto mais escuro pior. Estranho.

Foco de M1 para H.

H:
Quantos devaneios. Outrora. Mas agora —

Foco de H para M2.

M2:
Duvido.

Pausa. Gargalhada, baixa e selvagem, de M2, interrompida bruscamente quando o foco se dirige para M1.

M1:
Sim, isso é tudo, tudo, está tudo claro. Você verá. Você me deixará. Ou ficará cansado.

Foco de M1 para H.

H:
Mas agora, que você é apenas... um olho. Sempre a piscar. A olhar para o meu rosto.

Foco de H para M 1.

M 1:
Cansado de brincar comigo. Você me deixará. Sim.

Foco de M 1 para H.

H:
Procurando alguma coisa. Em meu rosto. Alguma verdade. Em meus olhos. Nem isso ao menos.

Foco de H para M 2. Gargalhada de M 2, como antes, interrompida bruscamente quando o foco se dirige para H.

H:
Um simples olho. Sem mente. Abrindo-se e fechando-se sobre mim. Estarei pelo menos —

Apaga-se o foco de H. Escuro. Três segundos. Foco em H.

H:
Estarei pelo menos... sendo visto?

Apaga-se o foco de H. *Escuro. Cinco segundos. Focos fracos sobre os três rostos ao mesmo tempo. Três segundos. Vozes fracas, quase ininteligíveis.*

M1, M2, H [*juntos*]

M 1:
Sim, estranho etc.

M 2:
Sim, talvez etc.

H:
Sim, a paz etc.

Repetir a peça.

H:
[*no final da repetição*] Estarei pelo menos... sendo visto?

Apaga-se o foco de H. *Escuro. Cinco segundos. Focos fortes sobre os três rostos ao mesmo tempo. Três segundos. Vozes numa potência normal.*

M1, M2, 11 [*juntos*]

M 1:
Eu disse a ele, Afaste-se dela —

M 2:
Uma manhã, quando costurava —

H:
Estávamos juntos há pouco tempo —

Apagam-se os focos. Escuro. Cinco segundos. Foco em H.

H:
Estávamos juntos há pouco tempo —

Apaga-se o foco de H. Escuro. Cinco segundos.

CORTINA

Notas

Luz

A iluminação deve ser feita utilizando-se um único refletor, que não deve estar situado fora do espaço cênico (palco) ocupado por suas vítimas.

A posição ideal para o refletor é no centro do proscênio, de modo que os rostos sejam iluminados de perto e a partir de baixo.

Quando, excepcionalmente, os três refletores forem requeridos a fim de iluminar os três rostos ao mesmo tempo, eles seriam como um único refletor ramificado em três.

Salvo esses momentos, um único refletor móvel deve ser usado, girando, o mais rápido possível, de uma face à outra, quando exigido.

O método que consiste em designar para cada rosto um refletor fixo e distinto é insatisfatório na medida em que é menos expressivo da ideia de um único inquiridor do que o refletor único e móvel.

Coro[2]

M 1 Sim, estranho,	melhor a escuridão,	mas quanto mais escuro	pior
M 2 Sim, talvez	um pouco perturbada,	eu acho,	diriam alguns
H Sim, a paz,	pretensa paz,	tudo acabado,	toda a dor

M 1 até ficar tudo escuro,	então tudo bem,	por alguns instantes,	mas virá
M 2 coitada,	um pouco perturbada,	só um pouco,	da cabeça
H tudo como se...	nunca tivesse existido,	virá	[*soluça*] perdão

M 1 a hora virá,	não demora,	você verá
M 2 [*fraca risada selvagem*],	só um pouco,	mas duvido,
H uma insensatez,	sim, eu sei,	apesar disso

M 1 você me deixará,	para sempre,	ficará tudo escuro,	silencioso,
M 2 eu duvido,	verdade,	estou bem,	ainda estou bem,
H a pretensa paz,	a paz, quero dizer,	está tudo acabado	

M 1 acabado,	extinto —
M 2 faço o melhor,	faço o que posso —
H e é como se...	nunca tivesse existido —

---

2. A tradução do Coro foi feita por Luana Gouveia para a encenação da peça *Play Beckett*, dirigida por Mika Lins.

Jarras

Para que as jarras tenham apenas um metro de altura, será necessário a utilização de alçapões, que possibilitem aos atores permanecer abaixo do nível do palco, em pé; caso contrário, será necessário que eles permaneçam ajoelhados durante a peça toda e que as jarras possuam uma abertura na parte anterior.

Uma vez que os alçapões mostrem-se inviáveis e a postura de joelhos for impraticável, os atores poderão permanecer de pé, sendo que as jarras serão alargadas ou aumentadas quanto se fizer necessário e deslocadas da frente do palco para o meio; o ator mais alto determinará a altura e o ator mais largo, a largura, de modo que as três jarras fiquem idênticas.

A postura sentada implica jarras de tamanho inaceitável e não deve ser levada em conta.

Repetição

A repetição pode ser uma réplica perfeita da primeira representação ou pode apresentar algum elemento de variação.

Em outras palavras, a luz pode operar na segunda vez de modo idêntico ao da primeira (réplica perfeita) ou pode optar por um método diferente (variação).

Em Londres e em Paris optou-se pela variação que se distinguia da primeira representação nos seguintes elementos:

1. Introdução de um coro abreviado, interrompido com a risada de M 2, como fragmento de abertura da segunda repetição.

2. Luz menos forte durante a repetição, com as vozes, consequentemente, mais baixas, conforme o esquema na página seguinte, onde A representa o nível mais alto da luz e da voz e E, o nível mais baixo:

1:
C Primeiro coro
A Primeira parte de 1
B Segunda parte de 1

Repetição 1:
D Segundo coro
B Primeira parte da Repetição 1
C Segunda parte da Repetição 1

Fragmento da Repetição 2:
E Coro abreviado
C Fragmento da Repetição 2

3. Vozes cada vez mais ofegantes desde o início da Repetição 1 até o final da peça.

4. Ordem das réplicas modificadas, desde que isso não altere em nada a continuidade individual de cada ator. Por exemplo, a ordem M1, M2, H, M2, M1, H do início de 1 torna-se M2, M1, H, M2, H, M1 no início da repetição, e assim por diante, à vontade.

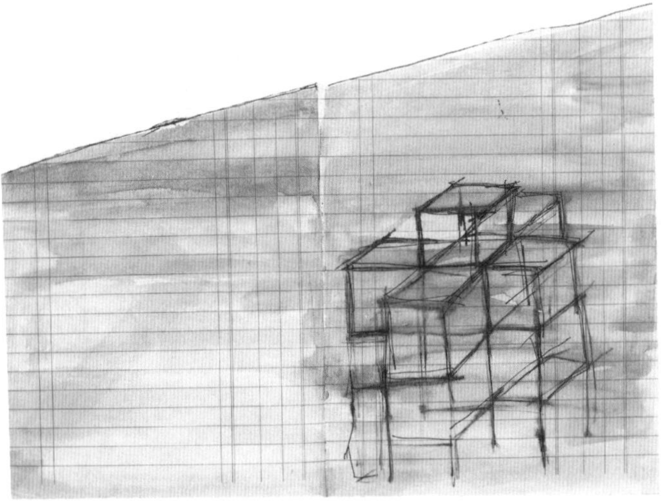

CATÁSTROFE

de Samuel Beckett

tradução Rubens Rusche

D, Diretor
A, sua Assistente
P, Protagonista
L, Lucas, iluminador, fora de cena

Ensaio. Últimos retoques na última cena. Palco vazio. A e L acabaram de regular as luzes. D acabou de chegar.

D numa poltrona, no proscênio, à esquerda da plateia. Casaco de pelica. Gorro combinando. Idade e físico indiferentes.

A em pé, ao lado dele. Toda de branco. Nada na cabeça. Lápis na orelha. Idade e físico indiferentes.

P em pé, no centro do palco, sobre um cubo negro com 40 centímetros de altura. Chapéu preto, de abas largas. Chambre negro, indo até o tornozelo. Pés descalços. Cabeça baixa. Mãos nos bolsos. Idade e físico indiferentes.

D e A contemplam P. Longa pausa.

A:
[*finalmente*] Ele está bem assim?

D:
Mais ou menos. [*pausa*] Para que o pedestal?

A:
Para que a turma do gargarejo possa ver os pés.

Pausa.

D:
Para que o chapéu?

A:
Para ajudar a ocultar o rosto.

Pausa.

D:
Para que o roupão?

A:
Para deixar tudo preto.

Pausa.

D:
O que é que ele tem por baixo? [*A se encaminha para P*] Fale.

A imobiliza-se.

A:
A roupa de dormir.

D:
De que cor?

A:
Cinzenta.

D pega um charuto.

D:
Fogo. [*A volta, acende o charuto, imobiliza-se. D fuma*] E o crânio, com o que se parece?

A:
O senhor já viu.

D:
Esqueci. [*A se encaminha para P*] Fale.

A imobiliza-se.

A:
Pelado. Alguns fios.

D:
De que cor?

A:
Cinzentos.

Pausa.

D:
Para que as mãos no bolso?

A:
Para ajudar a deixar tudo preto.

D:
Não convém.

A:
Vou anotar. [*ela tira um caderninho, pega o lápis, anota*] Mãos livres.

Ela guarda o caderninho, põe o lápis na orelha.

D:
Elas se parecem com o quê? [*incompreensão de A. Irritado*] As mãos, parecem o quê?

A:
O senhor já viu.

D:
Esqueci.

A:
Deterioradas. Degeneração fibrosa.

D:
Como se fossem garras?

A:
Se o senhor quiser.

D:
Duas garras?

A:
Só se ele cerrar os punhos.

D:
Não convém.

A:
Vou anotar. [*ela tira o caderninho, pega o lápis, anota*] Mãos relaxadas.

Ela guarda o caderninho, põe o lápis na orelha.

D:
Fogo. [*A volta, acende de novo o charuto, imobiliza-se. D fuma*] Bom. Vamos ver. [*incompreensão de A. Irritado*] Vá lá. Tire aquele roupão. [*ele consulta o cronômetro*] Vá logo, eu tenho uma reunião.

A vai até P, tira o roupão. P permanece absolutamente inerte. A recua, com o roupão dobrado no braço. P com um velho pijama cinzento, cabeça baixa, punhos cerrados. Pausa.

A:
Ficou melhor assim? [*pausa*] Ele está tremendo.

D.
Nem tanto. Chapéu.

A avança, tira o chapéu, recua com o chapéu na mão. Pausa.

A:
O que o senhor acha do sincipúcio dele?

D:
Convém branqueá-lo.

A:
Vou anotar. [*ela larga o roupão e o chapéu, tira o caderninho, pega o lápis, anota*] Branquear crânio.

Ela guarda o caderninho, põe o lápis na orelha.

D:
As mãos. [*incompreensão de A. Irritado*] Descerrar. Vá lá. [*A avança, descerra os punhos, recua*] E branquear.

A:
Vou anotar. [*ela tira o caderninho, pega o lápis, anota*] Branquear mãos.

Ela guarda o caderninho, põe o lápis na orelha. Eles contemplam P.

D:
[*finalmente*] O que é que está errado? [*angustiado*] Mas o que é que está errado?

A:
[*timidamente*] E se a gente... se a gente... as unisse?

D:
Não custa tentar. [*A avança, une as mãos, recua*] Mais alto. [*A avança, ergue até a altura da cintura as mãos unidas, recua*] Mais um pouquinho. [*A avança, ergue até a altura do peito as mãos unidas*] Stop! [*A recua*] Ficou melhor. É isso. Fogo.

A volta, torna a acender o charuto, imobiliza-se. D fuma.

A:
Ele está tremendo.

D:
Já era tempo.

Pausa.

A:
[*timidamente*] Talvez uma... uma... mordacinha?

D:
[*indignado*] Mas que ideia! Essa mania de tudo explicar! Mordacinha! Que despropósito! Explicar tudo! Mordacinha! Que ideia!

A:
Tem certeza de que ele não vai dizer nada?

D:
Nada. Nem um pio. [*consulta o cronômetro*] Em cima da hora. Vou até a plateia dar uma olhada.

D sai, não será mais visto. A deixa-se cair na poltrona, levanta-se num salto, tira um trapo velho, esfrega vigorosamente o assento e o encosto da poltrona, joga fora o trapo, torna a sentar. Pausa.

D:
[*voz em off, aflito*] Não posso ver os artelhos. [*irritado*] Estou sentado na primeira fila e não posso ver os artelhos.

A:

[*levanta-se*] Vou anotar. [*ela tira o caderninho, pega o lápis, anota*] Erguer pedestal.

Ela guarda o caderninho, põe o lápis na orelha.

D:

[*idem*] Dá para ver o rosto.

A:

Vou anotar.

Ela tira o caderninho, pega o lápis, vai anotar.

D:

Abaixe a cabeça. [*incompreensão de A. Irritado*] Vá lá. Abaixe a cabeça dele. [*A guarda o caderninho, põe o lápis na orelha, vai até P, inclina-lhe mais um pouco a cabeça, recua*] Mais um pouquinho. [*A avança, inclina-lhe mais um pouco a cabeça*] Stop! [*A recua*] Perfeito. [*pausa*] Falta um pouco de nudez.

A:

Vou anotar.

Ela tira o caderninho, vai pegar o lápis.

D:

Vá lá! Vá lá! [*A guarda o caderninho, vai até P, detém-se indecisa*] Decotar. [*A desabotoa a parte superior da camisa, puxa as duas partes para o lado, recua*] As pernas. Na tíbia. [*A avança, enrola uma das pernas do pijama quase até o joelho, recua*] A outra. [*mesmo jogo com a outra perna, recua*] Mais alto. Até a rótula. [*A avança, enrola até acima dos joelhos as duas pernas do pijama, recua*] E branquear.

A:
Vou anotar. [*ela tira o caderninho, pega o lápis, anota*] Branquear carne.

Ela guarda o caderninho, põe o lápis na orelha.

D:
É isso. O Lucas está pronto?

A:
[*chamando*] Lucas! [*pausa. Mais alto*] Lucas!

L:
[*voz em off, vinda de longe*] Estou indo. [*pausa. Mais próxima*] O que é que ainda não está bom?

A:
[*para D.*] O Lucas está pronto.

D:
Eliminar ambiente.

L:
Quê?

A transmite a ordem em termos técnicos. O palco escurece lentamente. Luz apenas em P. A no escuro.

D:
Apenas a cabeça.

L:
Quê?

A transmite a ordem em termos técnicos. O corpo de P entra lentamente na escuridão. Luz apenas na cabeça. Longa pausa.

D:
Bonito.

Pausa.

A:
[*timidamente*] Ele não poderia... erguer a cabeça... um segundo... para que se veja o rosto... só um segundinho?

D:
[*indignado*] Mas que ideia! Quanta asneira! Erguer a cabeça? Onde é que você pensa que nós estamos? Na Patagônia? Erguer a cabeça? Mas que ideia! [*pausa*] Nossa catástrofe está pronta. Mais uma vez e depois me mando.

A:
[*para L*] Mais uma vez e depois ele se manda.

A iluminação volta lentamente sobre o corpo de P. Pausa. O ambiente ilumina-se lentamente.

D:
Stop! [*pausa*] Atenção... Vai! [*o ambiente escurece lentamente. Pausa. O corpo de P entra lentamente na escuridão. Luz apenas na cabeça. Longa pausa*] Magnífico! Ele vai estraçalhar. Posso ouvir daqui.

Pausa. Som distante de muitos aplausos. P ergue a cabeça, olha fixamente para a plateia. Os aplausos vão diminuindo, até cessar. Longa pausa. A cabeça entra lentamente no escuro.

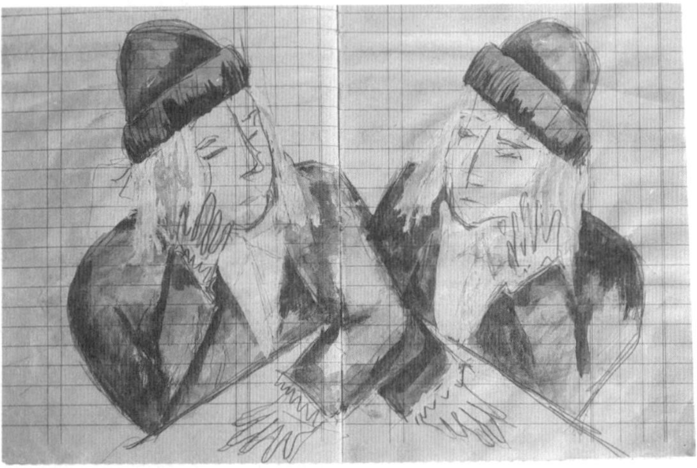

IMPROVISO DE OHIO

de Samuel Beckett

tradução Leyla Perrone-Moisés

Escrita em 1981. Encenada pela primeira vez na Ohio State University em 1981. Publicada pela primeira vez pela Faber and Faber, Londres, em 1982.

O, Ouvinte
L, Leitor

Tão semelhantes quanto possível.

Única parte iluminada, no centro do palco: uma mesa comum de pinho, de 2 metros por 1, aproximadamente.

Duas cadeiras do mesmo tipo, de pinho, sem apoio para os braços.

O sentado de frente na extremidade do lado comprido da mesa, à direita (em relação à sala). Cabeça inclinada, apoiada na mão direita. Rosto coberto. Mão esquerda sobre a mesa. Longo casaco negro. Longos cabelos brancos.

L sentado de perfil no meio do lado curto, à direita. Cabeça inclinada apoiada na mão direita. Mão esquerda sobre a mesa. Diante dele, sobre a mesa, um livro aberto nas últimas páginas. Longo casaco negro. Longos cabelos brancos.

No centro da mesa, um chapéu grande de feltro negro com abas largas.

Luz aumenta lentamente.

Dez segundos.

L vira a página.

Pausa.

L:
[*lendo*] Resta pouco a dizer. Numa última —

O bate com a mão esquerda sobre a mesa.

Resta pouco a dizer.

Pausa. Batida de O.

Numa última tentativa de sofrer menos, ele deixou o lugar em que tinham estado juntos por tanto tempo e se instalou num único cômodo, na outra margem. Pela única janela ele avistava rio abaixo a extremidade da Ilha dos Cisnes.

Pausa.

Para sofrer menos ele tinha apostado na estranheza. Cômodo estranho. Cena estranha. Sair para onde nada nunca partilhado. Entrar onde nada nunca partilhado. Foi nisso que ele apostou um pouco, para sofrer menos.

Pausa.

Dia após dia viam-no percorrer, a passos lentos, a ilhota. Hora após hora. Vestido com seu longo casaco negro, fizesse frio ou calor, e usando um antigo chapéu de artista. Na ponta, ele parava sempre para contemplar a água que se afastava. Como em alegres redemoinhos, os dois braços confluíam e refluíam unidos. Depois, a passos lentos, voltava.

Pausa.

Em seus sonhos —

Batida.

Depois, a passos lentos, voltava.

Pausa. Batida.

Em seus sonhos ele tinha sido prevenido contra essa mudança. Tinha visto o rosto querido e ouvido as palavras mudas, Fica onde por tanto tempo fomos dois a sós, minha sombra te consolará.

Pausa.

Podia ele —

Batida.

Visto o rosto querido e ouvido as palavras mudas, Fica onde por tanto tempo fomos dois a sós, minha sombra te consolará.

Pausa. Batida.

Podia ele agora voltar atrás? Reconhecer seu erro e voltar para onde outrora por tanto tempo eles foram dois a sós? Dois a sós tudo partilharam. Não. O que ele fizera sozinho não podia ser desfeito. Nada do que fizera sozinho poderia nunca ser desfeito. Por ele a sós.

Pausa.

Nesse extremo seu velho terror da noite voltou. Tanto tempo depois, como se nunca fora. [*pausa. L olha de mais perto*] Sim, tanto tempo depois, como se nunca fora. Redobrados agora os terríveis sintomas descritos ao longo da página quarenta, parágrafo quatro. [*L quer buscar o trecho. O o detém com a mão esquerda. L retoma a página abandonada*] Noites em claro doravante seu quinhão. Como quando seu coração era jovem. Não dormir mais, não ousar mais dormir antes do — [*vira a página*] — raiar do dia.

Pausa.

Resta pouco a dizer. Uma noite —

Batida.

Resta pouco a dizer.

Pausa. Batida.

Uma noite em que estava sentado, cabeça entre as mãos, tremendo dos pés à cabeça, um homem apareceu diante dele e lhe disse, Fui mandado por — e nomeou o nome querido — a fim de te consolar. Depois, do bolso de seu longo casaco negro, tirou um velho livro e leu até o raiar do dia. Desapareceu em seguida sem uma palavra.

Pausa.

Algum tempo depois ele reapareceu à mesma hora com o mesmo livro e dessa vez sem preâmbulo sentou-se e leu-o até o fim durante toda a longa noite. Desapareceu em seguida sem uma palavra.

Pausa.

Assim de tempo em tempo de improviso ele reaparecia para reler até o fim a triste história e adormecer a longa noite. Depois desaparecia sem uma palavra.

Pausa.

Sem jamais trocar uma única palavra eles se tornaram como que um só.

Pausa.

Veio enfim a noite em que fechado o livro aos primeiros raios de luz ele não desapareceu mas ficou sentado sem uma palavra.

Pausa.

Finalmente ele disse, Fui avisado — e nomeou o nome querido — de que não voltaria mais. Vi o rosto querido e ouvi as palavras mudas, Não precisas mais ir ter com ele, mesmo que tivesses esse poder.

Pausa.

Assim a triste —

Batida.

Vi o rosto querido e ouvi as palavras mudas, Não precisas mais ir ter com ele, mesmo que tivesses esse poder.

Pausa. Batida.

Assim a triste história uma última vez redita, ficaram sentados como se fossem de pedra. Pela única janela a madrugada não vertia nenhuma luz. Da rua nenhum ruído de ressurreição. A menos que, abismados em sabe-se lá que pensamentos, eles estivessem insensíveis. À luz do dia. Ao ruído de ressurreição. Que pensamentos, quem sabe. Pensamentos não, não pensamentos. Abismos de consciência. Abismados em sabe-se lá que abismos de consciência. De inconsciência. Lá onde nenhuma luz pode chegar. Nenhum ruído. Assim ficaram sentados como se fossem de pedra. A triste história uma última vez redita.

Pausa.

Não resta nada a dizer.

Pausa. L quer fechar o livro.
Batida. Livro ainda entreaberto.

Não resta nada a dizer.

Pausa. L fecha o livro.
Batida.
Silêncio. Cinco segundos.
Juntos eles põem a mão direita sobre a mesa, levantam a cabeça e se olham. Fixamente. Sem expressão.
Dez segundos.
Luz se apaga lentamente.

Uma solitária peça de amor[1]

Por que, de repente, uma tradução de Beckett? Talvez por saudades da Modernidade, da alta literatura de ontem, de outrora. Ou, se for preciso dar outra razão, para comemorar os 90 anos do nascimento do autor.

O *Improviso de Ohio* é uma peça curtíssima, um dramatículo, como o autor caracterizou esse tipo de texto. Foi representada pela primeira vez em 1981, no Drake Union Stadium Theatre, em Ohio, daí o título. O próprio Beckett a traduziu do inglês para o francês e publicou-a em 1982 (*Catastrophe et Autres Dramaticules*, Ed. Minuit). A peça trata da perda de um ser amado. Da relação a dois, amante e amado(a), quando só resta um, a sós com uma sombra. Do passado lido a dois num mesmo livro até a exaustão da história.

Essa peça é singular no universo de Beckett. De modo geral, as personagens beckettianas são irremediavelmente solitárias, e quando se relacionam entre elas é no regime do sadomasoquismo. Nas obras mais antigas e mais conhecidas do autor, as personagens andam frequentemente aos pares, e a relação

---

1. Este texto foi publicado originalmente no suplemento Mais, *Folha de S.Paulo*, em 8 set. 1996.

entre elas é a de mestre e escravo. O amor, nessas obras, é um mal-entendido ou uma farsa representada por seres grotescos, um arremedo patético, degradado. Mesmo nessa última safra, que inclui o *Improviso de Ohio*, mantêm-se essas constantes. *Berceuse (Rockaby)* encena a solidão absoluta; *Catastrophe*, o desamparo do ator cruelmente manipulado pelo diretor; *Quoi où*, um interrogatório sob tortura. Em *Improviso de Ohio* não há nenhuma agressividade, nenhuma crueldade; pelo contrário, o que aí se narra é pungente e elevado. Essa é talvez a única peça de amor de Beckett: amor que foi feliz, amor por/de alguém que já morreu e envia outro para confortar o que ficou. Outro que é a sombra desse alguém morto, sombra que é a imagem mesma do que ficou. Texto que pertence ao gênero clássico chamado consolação (*consolatio*), e que foi ilustrado por Sêneca e outros autores latinos, Maynard e Malherbe no século XVII.

O que aí se encena é o que Freud chamou de trabalho do luto:

> O luto aparece sob a influência da prova de realidade, que exige de maneira imperativa que nos separemos do objeto, o qual não existe mais. Desde então, a função do luto é trabalhar para retirar do objeto os investimentos, em todas as ocasiões em que o objeto foi dotado de um investimento elevado.[2]

O luto é qualificado por Freud como "um afeto normal". Ele se assemelha à melancolia como perda de interesse pelo mundo exterior; mas no luto o sujeito conhece o objeto que perdeu, enquanto na melancolia o objeto é desconhecido. No

---

2. Freud, Sigmund. "Angústia, dor e luto". In: *Inibições, sintomas e angústia*. Rio de Janeiro: Imago, 1996.

luto, há perda de objeto, na melancolia há perda do próprio ego. O trabalho de luto é absorvente e exige tempo para cumprir-se.

> Durante esse tempo, a existência do objeto perdido prossegue psiquicamente. Cada lembrança, cada esperança pelas quais a libido estava ligada ao objeto é trabalhada, superinvestida e sobre elas se cumpre o desapego da libido.[3]

A ruptura é lenta e progressiva, de tal modo que, no fim do trabalho, a energia que era necessária para efetuá-lo se encontra dissipada. Na peça de Beckett, o Leitor, tão semelhante ao Ouvinte, encena uma regressão temporária ao narcisismo primário, ocasionada pela perda do objeto. Mas Beckett não precisa de Freud para ser entendido. A psicanálise só confirma o que os poetas sempre souberam; eles precedem o psicanalista, como lembra Lacan.

A peça é composta "em abismo": o Ouvinte ouve um Leitor que lê sua própria história, a qual é a história de um Ouvinte visitado por um Leitor. Mas esse alter ego não vem para ficar indefinidamente; ele vem para ajudar no trabalho do luto. Ouvinte e Leitor são intercambiáveis porque colaboram no mesmo trabalho, trabalham a mesma história. Para que esse trabalho se cumpra, é necessário que o sujeito releia (ouça de novo) sua própria história, refaça o percurso de seus passos, muitas vezes, repetidamente, até a exaustão.

O Ouvinte comanda o ritmo e a orientação do trabalho do Leitor. Quando este envereda por caminhos demasiadamente

---

3. Freud, Sigmund. "Luto e melancolia". In: *Introdução ao narcisismo: Ensaios de metapsicologia e outros textos*. São Paulo: Companhia das Letras, 2010.

dolorosos, aquele o interrompe com uma batida na mesa, impondo uma transição mais lenta. E não lhe permite voltar atrás na leitura do livro. Há um progresso nesse trabalho: cada vez resta menos a dizer, até que não reste nada. Diferentemente de outras peças de Beckett, a palavra não cessa pela morte ou pela exaustão do falante; ela aí cessa porque o que havia a dizer foi dito. No final, os dois colocam as duas mãos na mesa (abandonando a postura depressiva da cabeça apoiada na mão) e se olham fixamente. O fim do trabalho do luto não é uma euforia, mas é olhar de frente a falta, o real. Como não podia deixar de ser, em se tratando de Beckett, a melancolia prevalece e o fim não é totalmente interpretável.

A grandeza desse texto, como de outros do mesmo autor, está em sua pequenez. Na redução ao essencial de um tema universal. No prodígio de tratar o tema sem sentimentalismo, na nudez absoluta do sofrimento e da compaixão. Na beleza da palavra justa, musical, rítmica. Na plasticidade despojada da cena: duas figuras hieráticas e enigmáticas como esculturas de Giacometti, num cenário reduzido ao mínimo. Por essas duas últimas qualidades, sonora e plástica, o texto é teatral. Não é apenas uma narrativa lida; é uma leitura encenada, visível e audível, corporificada.

Nesse texto, tão breve e condensado como um poema, cada sintagma verbal encontra seu exato lugar, sua precisa extensão. E Beckett é um mestre no uso comedido das palavras, na respiração do texto, em sua modulação pelo silêncio (pausa, cinco segundos, dez segundos) e pelo som da não palavra (batida). As falas são voluntariamente simples, mera constatação de um estado de coisas, em que emergem com toda a sua intensidade rápidos fulgores líricos.

Linguagem banal como a mesa e as cadeiras de pinho, contraposta aos vestígios de lirismo em algumas evocações com valor de metáforas: os braços de água, a Ilha dos Cisnes. O texto contém repetições que funcionam como estribilhos hipnóticos. As frases são interrompidas e retomadas como numa litania. Às idas e vindas do Ouvinte, referidas no livro, correspondem idas e vindas das palavras obsessivas.

O texto apresenta um jogo matemático com os números 1 e 2. Duas personagens que são uma só. Há uma insistência na palavra "único": "único cômodo", "única janela"; "sem trocar uma única palavra eles se tornaram como que um só". Uma mesa, duas cadeiras. Dois casacos, um chapéu, um livro. Uma janela, dando para o lago dos cisnes (animais que costumam nadar aos pares, carregados de simbolismo mitológico e tradição lírica). Os dois braços de água que confluem e refluem unidos. Uma cabeça, duas mãos: a direita que sustenta a cabeça, a esquerda que vira as páginas, bate na mesa; a direita que sustém a pulsão de morte, a esquerda que é pulsão de sobrevida; a esquerda que não deixa voltar atrás na leitura, que interrompe com as batidas na mesa, que fecha enfim o livro, para que a direita, já não mais necessária no trabalho do luto, se junte à esquerda sobre a mesa.

Uma linguagem tão condensada e densa exige uma tradução de extrema precisão. No caso desse texto, dispomos de uma "facilidade": a tradução para o francês feita pelo próprio autor. O cotejo entre as duas versões, em inglês e em francês, oferece mais opções para o tradutor, e a versão numa língua latina, uma proximidade maior com o português. Em 1994, foi feita uma boa tradução desse texto por Maria Helena Kopschitz e Haroldo de Campos; o texto foi lido no Bloomsday, tradicionalmente comemorado por iniciativa de Munira Mutran no bar Finnegan's. Tomo a liberdade de propor uma outra tradução. Minha tradução é mais próxima do texto em francês, enquanto aquela era mais fiel ao texto em inglês. Há algumas diferenças significativas entre o texto em inglês e o texto em francês.

Darei apenas alguns exemplos. Uma frase-estribilho, de extrema importância, é, em inglês, "*my shade will comfort you*", e, em francês, "*mon ombre te consolera*". Parece-me que há vantagens em traduzir na proximidade do francês: "Minha sombra te consolará." Além de ser um octassílabo, metro típico das baladas, tem rimas internas (a repetição dos fonemas "on" e "r") que podem ser mantidas em português.

Falando das correntes do rio, diz o Leitor: "*How in joyous eddies its two arms conflowed and flowed united on*"; o que foi assim vertido pelos tradutores anteriores: "Como em volteios alegres os dois braços do rio confluíam e juntos seguiam seu curso." A versão francesa — "*Comme en joyeux remous, les deux bras confluaient et refluaient unis*" — é mais sintética e pode ser mantida tal qual em português.

O chapéu referido e apresentado na peça, em inglês, é um "*old world Latin Quarter hat*", que foi traduzido como: "um chapéu velho de aba larga estilo Quartier Latin". Ora, em francês, Beckett fala de "*un grand chapeau de rapin du temps jadis*", que fica mais sintético e "visível" em português como "um antigo chapéu de artista". No fim do texto, há algumas mudanças sutis introduzidas por Beckett no texto francês: "*No sound of rewakening*" se torna "*nul bruit de résurrection*". A palavra "ressurreição" tem uma conotação religioso-cristã mais forte. Parece que, em inglês, Beckett evitou as palavras de raiz latina, mais eruditas e religiosas, que seriam "*to console*" e "*resurrection*"; com elas, o texto francês se torna mais solene.

As frases seguintes também se prestam, com vantagens, a uma tradução literal do francês. Em inglês: "*Profounds of mind.*

Buried in who knows what profounds of mind. Of mindlessness"; em francês: "*Abîmes de conscience. Abîmés dans qui sait quels abîmes de conscience. D'inconscience.*" Em português temos, como em francês, a possibilidade de usar a mesma palavra como substantivo e como verbo (e a palavra "abismo" caracteriza a própria composição da peça). Além disso, a palavra "*mindlessness*", que foi traduzida por Maria Helena e Haroldo por "demência", mostra, em francês, a exata acepção desejada por Beckett: "inconsciência".

Uma última observação, já que é típico dos tradutores observar coisas irrelevantes nas traduções alheias. Não entendo por que meus predecessores traduziram "*No sleep no braving sleep*" por "Nenhum sono diacho de sono". A versão francesa — "*Plus dormir plus oser dormir*" — mostra que a peça mantém sempre o tom elevado, sem nenhuma das vulgaridades usadas em outras pelo autor. Aliás, tudo nesse texto é elevado, tanto na expressão como na referência. Nas outras obras de Beckett, os objetos são irrisórios: latas de comida ou de lixo, pequenos utensílios do cotidiano. Aqui, o objeto central é o livro, depositário nobre da memória.

Fascinada por esse texto, há muito eu pensava que uma de suas expressões-chave era de difícil tradução para o português: a expressão "*alone together*", que em francês dá a estranha fórmula "*seuls ensemble*", criação de Beckett. A disjunção semântica "sós" e "juntos" emblematiza a relação a dois, evidenciando seus limites (mesmo juntos, cada um é só) e seu milagre (o plural pode se juntar no singular: "*seuls ensemble*"). O problema, em português, é fônico: "sozinhos juntos" soa muito mal; "sós juntos", pior ainda. Maria Helena e Haroldo optaram por "a sós juntos", que já é melhor, mas ainda apresenta uma certa dificuldade de dicção, o que deve ser evitado em se tratando de teatro.

Uma solução, que acredito melhor, me apareceu de repente, vinda não de meu parco engenho, mas da poesia de um grande poeta de nossa língua. Relendo Fernando Pessoa, reencontrei um poema inacabado escrito por ele logo depois da morte de seu amigo Mário de Sá-Carneiro. E lá está:

> Hoje, falho de ti, sou dois a sós,
> Há almas pares, as que conheceram
> Onde os seres são almas.
> Como éramos só um, falando! Nós
> Éramos como um diálogo numa alma.
> Não sei se dormes [...] calma,
> Sei que, falho de ti, estou um a sós.

Todo o trabalho de luto está entre o "dois a sós" e o "um a sós". A peça de Beckett alegoriza essa passagem. Morto o outro, o diálogo prossegue ("um diálogo numa alma") com o outro incorporado a si mesmo, idêntico a si mesmo como um reflexo ou uma sombra: "Porque há em nós, por mais que consigamos/ Ser nós mesmos a sós sem nostalgia,/ Um desejo de termos companhia", diz Pessoa no mesmo poema. A mesma sensação de alheamento insone e onírico é expressa pelos dois poetas: "Em seus sonhos [...] ele tinha visto o rosto querido e ouvido as palavras mudas", diz a personagem de Beckett. "O que eu sou é um sonho que está triste", escreve Pessoa. Não há, em Beckett, nenhuma transcendência: nenhum ruído de ressurreição. Como em Pessoa, no poema referido:

> Nunca supus que isto que chamam morte
> Tivesse qualquer espécie de sentido...
> Cada um de nós, aqui aparecido,

Onde manda a lei certa e a falsa sorte,
Tem só uma demora de passagem
Entre um comboio e outro, entroncamento,
Chamado o mundo, ou a vida, ou o momento;
Mas, seja como for, segue viagem.

A grandeza desses dois poetas modernos os aproxima, e o tradutor se alegra de poder colocar suas duas sombras em diálogo, em linguaviagem (palavra-título de Augusto de Campos). Qualquer que seja o tema, toda grande poesia é consolação, porque ela ajuda na viagem.

Leyla Perrone-Moisés

Sobre os tradutores

Leyla Perrone-Moisés é professora emérita da Faculdade de Filosofia, Letras e Ciências Humanas da Universidade de São Paulo (USP). Ministrou cursos de teoria literária, de literatura francesa, portuguesa e brasileira em várias universidades estrangeiras, como Université de Montréal, Yale University, Université de la Sorbonne (Paris III) e École Pratique des Hautes Études). Publicou centenas de artigos e numerosos livros, entre os quais, *O novo romance francês* (1966); *Falência da crítica. Um caso limite: Lautréamont* (1973); *Texto, crítica, escritura* (1978); *Fernando Pessoa. Aquém do eu, além do outro* (1982); *Flores da escrivaninha* (1990); *Vinte luas. Viagem de Paulmier de Gonneville ao Brasil (1503-1505)* — vencedor do Prêmio Jabuti, categoria Ensaio (1993); *Altas literaturas* (1998); *Vira e mexe, nacionalismo* (2007); *Com Roland Barthes* (2013); *Mutações da literatura no século XXI* (2016); *Vivos na memória* (2021).

Luana Gouveia é formada em Artes Cênicas pela Universidade de São Paulo. Membra fundadora da companhia [pH2]: estado de teatro, produziu junto ao grupo ciclos de palestras, oficinas, criação e circulação de espetáculos teatrais. Desenvolve trabalhos como educadora e iluminadora. Como educadora, fez parte da equipe do Projeto Espetáculo da Fábrica de Cultura do Capão Redondo, onde desenvolveu oficinas junto aos aprendizes. Como tradutora e intérprete, fez parte do IV Seminário Internacional de Comunidades Tradicionais Bantu, no Inzo Tumbansi, sede do Instituto Latino Americano de Tradições Afro Bantu.

Rubens Rusche é diretor, tradutor e produtor paulista. Estreou na direção em 1986 com o impactante *Katastrophè*, reunião dos textos *Eu não*, *Comédia*, *Cadeira de balanço* e *Catástrofe*, de Samuel Beckett. Encenou diversas peças de Beckett, entre elas *Fim de jogo* — pela qual recebeu o prêmio da Associação Paulista dos Críticos de Arte (APCA), em 1996; *A última gravação*; *Aquela vez*; *Crepúsculo* — 3 peças de Samuel Beckett, indicada ao Prêmio Shell de Teatro; e *Oh os belos dias*, indicada ao APCA. Traduziu todas as peças de Beckett por ele encenadas e é autor dos ensaios "Sobre o riso no Teatro de Beckett" e "Poéticas da morte".

Desenhos do caderno de direção de Mika Lins.

CIP-BRASIL. CATALOGAÇÃO NA PUBLICAÇÃO
SINDICATO NACIONAL DOS EDITORES DE LIVROS, RJ

B356p

Beckett, Samuel, 1906-1989.

Play Beckett: uma pantomima e três dramatículos ; ato sem palavras II ; comédia/play ; catástrofe ; improviso de Ohio / Samuel Beckett ; [tradução Luana Gouveia, Rubens Rusche , Leyla Perrone-Moisés]. - 1. ed. - Rio de Janeiro : Cobogó, 2022.

(Dramaturgia)

Tradução de: Acte sans paroles II ; Play ; Catastrophe ; Ohio impromptu.

ISBN 978-65-5691-070-3

1. Beckett, Samuel, 1906-1989. 2. Teatro irlandês. I. Perrone-Moisés, Leyla. II. Rusche, Rubens. III. Gouveia, Luana. IV. Título. V. Série.

22-77952   CDD: 828.99152
              CDU: 82-2(415)

Gabriela Faray Ferreira Lopes - Bibliotecária - CRB-7/6643

Todos os direitos em língua portuguesa reservados à
Editora de Livros Cobogó Ltda.
Rua Gen. Dionísio, 53, Humaitá
Rio de Janeiro – RJ – Brasil – 22271-050
www.cobogo.com.br

© Editora de Livros Cobogó, 2022

CATASTROPHE in Catastrophe et autres dramaticules
© Samuel Beckett, 1982-1986 by Les Editions de Minuit
ACTE SANS PAROLES I & li II in Comédie et actes divers
© Samuel Beckett, 1966-1972 by Les Editions de Minuit

PLAY © Samuel Beckett, 1963, 1991
OHIO IMPROMPTU © Samuel Beckett, 1982
Todos os direitos reservados ao espólio de Samuel Beckett AC/ Rosica Colin Limited, Londres. Todo e qualquer direito destas peças são estritamente reservados. Aplicações para toda e qualquer performance, incluindo apresentação profissional, amadora, recitação, palestra, leitura pública, transmissão, televisão e os direitos de tradução em línguas estrangeiras, devem ser solicitados antes do início dos ensaios a: Curtis Brown Group Ltd, 28-29 Haymarket, Londres. SW1Y 4SP, UK. Nenhuma performance pode acontecer sem que a licença tenha sido outorgada.

Editora-chefe
Isabel Diegues

Editora
Valeska de Aguirre

Gerente de produção
Melina Bial

Assistente de produção
Carina Faleiro

Revisão final
Eduardo Carneiro

Projeto gráfico de miolo e diagramação
Mari Taboada

Projeto gráfico de capa
Thema (Thea Severino e Marcio Freitas)

Ilustração de capa
Cris Vector

Coleção Dramaturgia

ALGUÉM ACABA DE MORRER LÁ FORA, de Jô Bilac

NINGUÉM FALOU QUE SERIA FÁCIL, de Felipe Rocha

TRABALHOS DE AMORES QUASE PERDIDOS, de Pedro Brício

NEM UM DIA SE PASSA SEM NOTÍCIAS SUAS, de Daniela Pereira de Carvalho

OS ESTONIANOS, de Julia Spadaccini

PONTO DE FUGA, de Rodrigo Nogueira

POR ELISE, de Grace Passô

MARCHA PARA ZENTURO, de Grace Passô

AMORES SURDOS, de Grace Passô

CONGRESSO INTERNACIONAL DO MEDO, de Grace Passô

IN ON IT | A PRIMEIRA VISTA, de Daniel MacIvor

INCÊNDIOS, de Wajdi Mouawad

CINE MONSTRO, de Daniel MacIvor

CONSELHO DE CLASSE, de Jô Bilac

CARA DE CAVALO, de Pedro Kosovski

GARRAS CURVAS E UM CANTO SEDUTOR, de Daniele Avila Small

OS MAMUTES, de Jô Bilac

INFÂNCIA, TIROS E PLUMAS, de Jô Bilac

NEM MESMO TODO O OCEANO, adaptação de Inez Viana do romance de Alcione Araújo

NÔMADES, de Marcio Abreu e Patrick Pessoa

CARANGUEJO OVERDRIVE, de Pedro Kosovski

BR-TRANS, de Silvero Pereira

KRUM, de Hanoch Levin

MARÉ/PROJETO bRASIL, de Marcio Abreu

AS PALAVRAS E AS COISAS, de Pedro Brício

MATA TEU PAI, de Grace Passô

ÃRRÃ, de Vinicius Calderoni

JANIS, de Diogo Liberano

NÃO NEM NADA, de Vinicius Calderoni

CHORUME, de Vinicius Calderoni

GUANABARA CANIBAL, de Pedro Kosovski

TOM NA FAZENDA, de Michel Marc Bouchard

OS ARQUEÓLOGOS, de Vinicius Calderoni

ESCUTA!, de Francisco Ohana

ROSE, de Cecilia Ripoll

O ENIGMA DO BOM DIA, de Olga Almeida

A ÚLTIMA PEÇA, de Inez Viana

BURAQUINHOS OU O VENTO É INIMIGO DO PICUMÃ, de Jhonny Salaberg

- PASSARINHO, de Ana Kutner
- INSETOS, de Jô Bilac
- A TROPA, de Gustavo Pinheiro
- A GARAGEM, de Felipe Haiut
- SILÊNCIO.DOC, de Marcelo Varzea
- PRETO, de Grace Passô, Marcio Abreu e Nadja Naira
- MARTA, ROSA E JOÃO, de Malu Galli
- MATO CHEIO, de Carcaça de Poéticas Negras
- YELLOW BASTARD, de Diogo Liberano
- SINFONIA SONHO, de Diogo Liberano
- SÓ PERCEBO QUE ESTOU CORRENDO QUANDO VEJO QUE ESTOU CAINDO, de Lane Lopes
- SAIA, de Marcéli Torquato
- DESCULPE O TRANSTORNO, de Jonatan Magella
- TUKANKÁTON + O TERCEIRO SINAL, de Otávio Frias Filho
- SUELEN NARA IAN, de Luisa Arraes
- SÍSIFO, de Gregorio Duvivier e Vinicius Calderoni
- HOJE NÃO SAIO DAQUI, de Cia Marginal e Jô Bilac
- PARTO PAVILHÃO, de Jhonny Salaberg
- A MULHER ARRASTADA, de Diones Camargo
- CÉREBRO_CORAÇÃO, de Mariana Lima
- O DEBATE, de Guel Arraes e Jorge Furtado
- BICHOS DANÇANTES, de Alex Neoral
- A ÁRVORE, de Silvia Gomez
- CÃO GELADO, de Filipe Isensee
- PRA ONDE QUER QUE EU VÁ SERÁ EXÍLIO, de Suzana Velasco
- DAS DORES, de Marcos Bassini
- VOZES FEMININAS — NÃO EU, PASSOS, CADÊNCIA, de Samuel Beckett

COLEÇÃO DRAMATURGIA ESPANHOLA

A PAZ PERPÉTUA, de Juan Mayorga | Tradução Aderbal Freire-Filho

ATRA BÍLIS, de Laila Ripoll | Tradução Hugo Rodas

CACHORRO MORTO NA LAVANDERIA: OS FORTES, de Angélica Liddell | Tradução Beatriz Sayad

CLIFF (PRECIPÍCIO), de José Alberto Conejero | Tradução Fernando Yamamoto

DENTRO DA TERRA, de Paco Bezerra | Tradução Roberto Alvim

MÜNCHAUSEN, de Lucía Vilanova | Tradução Pedro Brício

NNI2, de Gracia Morales | Tradução Gilberto Gawronski

O PRINCÍPIO DE ARQUIMEDES, de Josep Maria Miró i Coromina | Tradução Luís Artur Nunes

OS CORPOS PERDIDOS, de José Manuel Mora | Tradução Cibele Forjaz

APRÈS MOI, LE DÉLUGE (DEPOIS DE MIM, O DILÚVIO), de Lluïsa Cunillé | Tradução Marcio Meirelles

COLEÇÃO DRAMATURGIA FRANCESA

É A VIDA, de Mohamed El Khatib | Tradução Gabriel F.

FIZ BEM?, de Pauline Sales | Tradução Pedro Kosovski

ONDE E QUANDO NÓS MORREMOS, de Riad Gahmi | Tradução Grupo Carmin

PULVERIZADOS, de Alexandra Badea | Tradução Marcio Abreu

EU CARREGUEI MEU PAI SOBRE MEUS OMBROS, de Fabrice Melquiot | Tradução Alexandre Dal Farra

HOMENS QUE CAEM, de Marion Aubert | Tradução Renato Forin Jr.

PUNHOS, de Pauline Peyrade | Tradução Grace Passô

QUEIMADURAS, de Hubert Colas | Tradução Jezebel De Carli

COLEÇÃO DRAMATURGIA HOLANDESA

EU NÃO VOU FAZER MEDEIA, de Magne van den Berg | Tradução Jonathan Andrade

RESSACA DE PALAVRAS, de Frank Siera | Tradução Cris Larin

PLANETA TUDO, de Esther Gerritsen | Tradução Ivam Cabral e Rodolfo García Vázquez

NO CANAL À ESQUERDA, de Alex van Warmerdam | Tradução Giovana Soar

A NAÇÃO — UMA PEÇA EM SEIS EPISÓDIOS, de Eric de Vroedt | Tradução Newton Moreno

2022

1ª impressão

Este livro foi composto em Calluna.
Impresso pela Gráfica Decolar
sobre papel Pólen Bold 70g/m².